LE RÉVEIL

DE

HENRI QUATRE.

LYON,

CHEZ CHAMBET FILS AINÉ, LIBRAIRE,

QUAI DES CÉLESTINS, N. 2,

ET CHEZ LES PRINCIPAUX LIBRAIRES.

1830.

Le Réveil

DE

HENRI QUATRE.

PREMIER RÉVEIL.

Quelle secousse épouvantable ! Quel roulement terrible semblable à celui du tonnerre vient troubler le repos de mes cendres ! Après tant d'années d'un si profond sommeil, je me réveille !.... Où suis-je ?... Quel silence tout-à-coup ! Quels éclairs sillonnent l'épaisseur des ténèbres qui enveloppent ma tombe ! Quel spectre ai-je aperçu à la lueur de leur clarté sinistre ! Que ses vêtements sont lugubres ! Comme il se penche mystérieusement sur moi ! Cette voix presque éteinte que j'entends murmurer au fond de sa poitrine, ces mains glacées que je touche, et ce crêpe funèbre qu'agitent continuellement ses profonds soupirs, que m'annoncent-ils? « Je suis le génie de la France. Ombre du grand Henri, secoue la poussière du tombeau ; tout est perdu ; Fils de saint Louis, la France expire. »

La France expire !... Ce mot seul eût ranimé mes cendres. Sortons de ces voûtes funèbres, et, dans le silence de la nuit, allons !... Quel affreux spectacle ! O vous, Rois illustres, dont les restes sacrés reposent dans ces catacombes, ne troublez point votre sommeil ; plus heureux que moi, vous n'aurez point à contempler la France expirante....

Mais quelles plaies j'aperçois dans son sein ! Qu'elles me paraissent larges et profondes ! Où es-tu, toi dont la main parricide a ainsi déchiré son sein maternel ? Où es-tu, toi qui portes le trouble et la terreur jusqu'au fond des tombeaux ?

Approchons de ce lieu sinistre, d'où s'échappe une faible lueur qui guide mes pas. Un spectre nouveau se tient sur le seuil de la porte ; ses yeux étincellent ; son glaive est ensanglanté ! Sur son front est gravé le serment de la haine des rois.... Ah ! je reconnais ici la trace du sang des Césars ; et dans ces regards, je lis l'horrible forfait qui souilla un des plus beaux siècles de l'antiquité : Ombre de Brutus, c'est toi, c'est toi qu'ont invoqué ceux que récèle cette enceinte !

Quels cris confus se font entendre ! quels acents barbares ! ce sont ceux de la rage et du délire :

le murmure d'une mer menaçante n'inspire pas un pareil effroi ; il semble que je suis transporté auprès d'une de ces retraites souterraines d'hommes que la nature méconnaît, et qui se disputent les membres palpitants de leurs semblables ; haletants comme des tigres, ils considèrent sans cesse le poignard qu'ils tiennent dans leurs mains ; leurs voix étouffées par la fureur prononcent des mots que l'enfer seul peut comprendre. Dieu ! qu'ai-je entendu ? une mort est jurée ! une mort..... qui le croirait ? c'est celle de leur Roi..... Le serment se répète encore, et les voûtes en murmurent long-temps.....

O saint Louis, que j'aperçois au milieu de ces astres brillants, viens, descends au milieu des ténèbres, viens avec moi considérer l'étonnante convulsion qu'éprouve maintenant le royaume que nous avons gouverné ; ou bien, laisse du haut des cieux tomber une larme sur ce sol infortuné ! Oh ! de quelle profonde tristesse je me sens accablé ! Terre des lis, autrefois le séjour du bonheur ! royaume autrefois si brillant, autrefois la gloire de l'univers, royaume que la paix et la tranquillité berçaient entre leurs bras ; France, mon ancien orgueil, autrefois pleine d'amour pour tes Rois ; source antique des vertus sociales, sous quel aspect tu te présentes à moi dans ce moment !

Génie de la France, toi qui m'as arraché au

profond sommeil que je goûtais dans le tombeau, viens de nouveau, conduis-moi dans la demeure du Monarque infortuné de ce royaume.

Il vient, d'une main agitée et tremblante il saisit la mienne, et son bras qu'il soulève à peine me montre le fond de l'obscurité ; alors d'une voix sourde et sans rien ajouter il me dit « Marchons. » Il m'entraîne à grands pas au milieu des ténèbres, et s'arrêtant tout-à-coup :

« O grand Roi, me dit-il, entends-tu ces mugissements souterrains ? aperçois-tu cette agitation continuelle et effrayante du sol que nous foulons aux pieds ? Lève les yeux, vois-tu à travers la noirceur des cieux cette clarté faible et blanchâtre, et ces gouttes de sang qui semblent tomber sur la terre ? O nuit terrible ! ô présages affreux ! Hélas ! grand Roi, tes soupirs sont inutiles : ils ne pourront jamais détourner l'orage qui est près d'éclater sur la France. Écoute, écoute un secret que je vais te dévoiler : la Reine de l'univers a franchi le point de gloire et de prospérité où elle devait parvenir; et je pense même que Louis le Grand avait aperçu sa chute prochaine, lorsque, descendant dans le cercueil, il promena ses regards inquiets autour de lui, et rendit ainsi le dernier soupir. En ce moment elle se précipite vers sa ruine ; elle va faire un pas épouvantable ; le char de l'État touche presque la borne contre laquelle il doit se briser; mais ce qui doit arriver n'est, pour ainsi dire, qu'un écho de sa ruine prochaine. Après la catastrophe qui va remplir l'univers d'épouvante, tout semblera se calmer pour quelque temps; mais après ce calme, qui ne sera que l'avant-coureur d'une plus horrible tempête, sa perte deviendra plus assurée; elle recevra la coupe fatale qui fera circuler le poison dans ses veines, qui répandra une espèce de vertige et d'aveuglement, dont les suites offriront le spectacle jusqu'alors inconnu de crimes ignorés dans les enfers; bientôt après les nations resteront assourdies par le coup affreux qui doit détruire la puissance de ce royaume; c'est alors qu'on verra la protectrice des trônes, la consolatrice des hommes, la Religion enfin fuir de cette terre de malédiction, et rougir les airs de son voile ensanglanté. Les cendres des générations éteintes et des états détruits se ranimeront peut-être alors; car ce spectacle remuera les deux mondes..... Renferme ces paroles mystérieuses au fond de ta tombe, et ne t'affliges plus en vain des maux qui pèsent sur la France; car la chaîne de ses crimes a monté jusqu'au ciel. Poursuivons maintenant notre marche.

« Aperçois-tu déja cette demeure, dont l'aspect annonce que c'est la retraite du malheur? C'est là, c'est là qu'il gémit; c'est sur le pavé de cette enceinte que coulent les larmes d'une victime royale, accablée de chaînes forgées par des sujets, des enfants. Maintenant ma tâche est remplie, Ombre de Henri quatre, je te salue »…..

Enfin je suis arrivé au séjour de deuil et de douleurs. Eh quoi! cette voûte sombre où j'entends résonner de profonds gémissements, est la demeure d'un descendant de saint Louis! Hélas! je l'aperçois…..

« Monarque infortuné, salut! ne crains point, je suis l'ombre de Henri quatre; les complots de tes enfants, les soupirs de ta bonté ont troublé mon sommeil; je viens te visiter dans cet abyme de douleur et d'humiliation. Un roi! un père! et tant d'ingratitude! Oh! quel nuage de douleur doit obscurcir ta belle ame! Pour moi qui devrais, ce semble, considérer avec indifférence le courant des révolutions humaines, je sens dans ce sein desséché un chagrin qui me dévore; si du moins un affreux pressentiment ne l'augmentait encore! hélas! puisse-t-il ne se réaliser jamais!…..

« Non, les annales de l'univers ne renferment point le souvenir d'une semblable infortune. Victime sacrée, tous les traits les plus aigus ont percé à la fois ce cœur où tu portais la France. Héritier de soixante rois, je n'ai donc quitté mon lugubre séjour que pour te visiter dans les fers! Ah! que n'appartient-il à cette main glacée de les briser! Clovis, Charlemagne, Philippe-Auguste, saint Louis, ah! descendez de ces voûtes célestes, venez voir le plus triste spectacle que le malheur pouvait offrir dans un de vos descendants. Français, réveillez-vous, écoutez : l'ombre de Henri quatre vous adresse la parole.

« Eh quoi! vous goûtez les douceurs du sommeil, et votre Roi gémit dans les fers! Voyez ces mains paternelles qui s'élèvent vers le Ciel pour conjurer l'orage qui est près de fondre sur vous. Une larme, une seule larme s'échappera-t-elle enfin de vos yeux! Eh! que faut-il donc pour arracher à vos cœurs un soupir de repentir et d'amour?

« O silence affreux! ô stupidité profonde! Fruit mortel de l'aveuglement le plus complet! Barbares!... c'est en vain que je promène mes regards sur les parties les plus reculées de l'univers, nulle horde sauvage ne vous imite; et à la vue d'une pareille horreur, ces peuples incultes eux-mêmes, fuyant et poussant des cris d'épouvante, n'auraient point de forêts assez sombres, ni de cavernes assez profondes pour s'y réfugier. Ah! vous n'êtes point Français... Grand Dieu! de quelle région nous viennent ces parricides, ces cœurs plus noirs que la nuit qui nous enveloppe? O toi, sur qui ils dirigent toutes leurs fureurs, l'ombre de Henri te le jure ici, tu seras vengé; mais, puissent en attendant mes paroles et ma présence te soutenir au milieu de tes revers.....

« Ombre d'un Roi dont le souvenir me fut toujours bien cher, ta présence est pour moi un bienfait du Ciel. Graces te soient rendues, puisque tu as daigné quitter le paisible sommeil que tu goûtais dans le tombeau, pour venir répandre dans mon ame le baume de la consolation. Cependant, quelle triste destinée ! n'avoir pour toute ressource dans ce séjour que l'ombre de mes ancêtres ! Ah ! que les sceptres et les couronnes me paraissent en ce moment peu de chose ! Présent funeste ! que les hommes se trompent, lorsqu'ils croient reconnaître dans la main qui te présente, la main du bonheur ! O trône de France, que de larmes tu vas faire couler ! Source de douleur, jusques à quand?.. Mais que dis-je ? déja il n'est plus à moi, je ne le posséderai jamais plus. Un triste pressentiment s'empare en ce moment de mon ame ; mon sang, celui de ma famille, de mes enfants ! Hélas ! ombre sacrée, dis-moi, n'est-ce pas là ce que tu vois dans l'avenir ? »

— « O Roi malheureux, que me demandes-tu ? tu veux donc m'arracher un secret, dont je voudrais renfermer en moi toute l'horreur ? Une puissance cachée me force à rompre le silence ; mais, ô Louis ! pour m'écouter, mets un pied sur le bord de la tombe, et fixe tes regards sur le port de l'éternité. J'ai vu, quelques instants avant que le génie de la France vînt troubler mon sommeil, j'ai vu un spectre effrayant, dont le visage était morne et silentieux. Il plaça devant moi un énorme cadran sur lequel était marquée l'heure fatale de chaque mortel. Après quelques instants du plus profond silence de sa part, et du plus grand étonnement de la mienne, il me montra une de ces heures en poussant un cri horrible, dont le retentissement s'est fait entendre avec un bruit épouvantable. Aussitôt, ô prodige affreux ! le cadran s'est teint de sang.... Grand Dieu ! il était royal ce sang ! Je l'ai reconnu, je l'ai senti au frémissement que m'a causé son aspect.

« Hélas ! ce sera donc un diadème ensanglanté que se transmettront nos descendants? Quelle tache pour la France ! Elle n'aura donc plus que des mains rougies à présenter aux nations ; et ce front, objet d'admiration pour l'univers, deviendra donc un objet d'horreur !

— « Ah ! si ma tête doit tomber sous l'égide des révolutions, que l'effusion de mon sang n'épouvante pas au moins ceux qui doivent régner après moi sur ce peuple chéri ; qu'ils aient toujours pour lui un cœur dont le principe de vie soit la bonté et la clémence.

« O rois et grands de la terre, comprenez maintenant le néant des choses humaines. Exemple frappant des vicissitudes de la fortune, je suis roi, et je suis dans les fers ! Ah ! songez, vous aussi, qui vous endormez sur un volcan dont les éruptions sont incertaines, songez que le sceptre qui vous distingue peut se briser à chaque instant dans vos mains ; songez-y, vos sujets ne valurent jamais les Français. »

— « Louis seize ! Louis seize ! une inspiration secrète m'appelle loin de ta triste demeure. En ce moment, le temps semble hâter sa course ; lève les yeux au ciel, vois ta patrie.... Adieu.... »

Quel bruit ! quelle rumeur ! Où va cette troupe de furieux ? leurs regards sont ceux du tigre. Quel air sombre ! quelle démarche précipitée ! Monstres ! l'ombre de Henri quatre vous poursuit ; arrêtez : de quel forfait allez-vous souiller la terre !

C'est ici qu'ils s'arrêtent ; c'est dans cette enceinte qu'ils vont se réunir ; les portes s'ouvrent, chacun prend sa place. Mais quelles divinités infernales aperçois-je au dessus de leurs têtes ? O vous, qui comme moi habitez une autre région que la terre, répondez, qui êtes-vous ? Je les reconnais : je me souviens qu'au sortir de la vie, parcourant la route de l'éthérée, je planai pendant quelques instants sur un abyme de ténèbres et d'horreurs, où vous exerciez vos vengeances. Je reconnais ces flambeaux surnaturels, dont vous secouez les flammes dans leurs cœurs. Dieu ! sous de pareils auspices que vont-ils faire ? L'enfer pour conseiller ! j'en frémis....

Cependant, sous des vêtements lugubres, au

milieu des glaives et des lances, je vois un crimi-
nel qui s'approche. Qu'ai-je dit? ô ciel! ô terre! ô
France, pardonnez ce blasphême? qui donc aurait
reconnu à ce cortége un descendant de saint Louis,
l'héritier de Clovis, le père des Français? Comme
il s'avance! quel air majestueux! quelle bonté est
peinte sur sa figure! quels regards de douceur il
porte sur ses juges! mais de leur part quels regards de fureur!...

Pourquoi s'ouvre cette bouche? et quelles
paroles va prononcer le monstre qui tient ici le
premier rang? Avec quelle arrogance il adresse la
parole à son Roi! Monarque français, garde le
silence; c'est à l'Eternel seul que tu dois compte
de tes actions. Arme-toi plutôt d'une indignation
royale; d'un regard tu peux les faire trembler:
leurs cœurs sont l'asyle des remords et de la lâ-
cheté. Mais non: ce front dont la sérénité s'est
toujours conservée à l'aspect de ses enfants, ne
s'obscurcira pas même à l'aspect de ceux qui sont
devenus ses bourreaux. Allez, barbares, continuez:
je vois au delà de cette vie un étonnement et un silence qui vous feraient frémir, si vous pouviez
l'apercevoir. Continuez: je vois les foudres que
prépare la vengeance céleste. France! France! tu
ne sens pas le poignard qu'on enfonce en ton sein;
tu ne t'aperçois pas que la couronne que t'ont dé-
férée les nations, s'échappe de ton front et tombe

dans la poussière; tu dors du plus profond sommeil, et ton Roi est ici le jouet de l'ingratitude et de la barbarie !

Mais quel silence lugubre s'empare tout-à-coup de cette assemblée ? la bouche de ces perfides ne prononce plus une seule parole. Ils se rassemblent, ils lancent un regard sinistre sur leur proie royale, un antre ténébreux les reçoit. Voûtes sombres, de quels affreux blasphêmes allez-vous retentir ! Murs insensibles, ne vous animerez-vous point, et n'ensevelirez-vous point sous vos ruines... Mais une agitation se fait sentir, un rugissement se fait entendre, les portes s'ouvrent, un écrit sanglant circule dans l'assemblée; chacun, avec une satisfaction infernale en répète les paroles, et et le mot de MORT retentit sourdement autour de la victime royale....

O Louis, ta mort est arrêtée : plus de sceptre, reprends tes fers; plus de cortége royal, marche au milieu de tes assassins; plus de palais, regagne ton affreuse demeure. O nuit ! ô nuit fatale ! épaissis tes ombres; cache pour jamais ce crime qui n'a pas de nom, ce crime qui déshonore la France aux yeux de l'univers. Quel contraste au milieu de ce silence universel ! trente millions de Français dans les bras du sommeil, et leur Roi dans les chaînes ! O profondeurs de la nuit ! ô forfait! ô malheur ! ô assoupissement léthargique ! quel tableau vous formez ! Puissance éternelle, toi qui tiens en tes mains tous les royaumes de la terre, je me prosterne en ce moment à tes pieds, j'adore en silence la profondeur de tes décrets......

Levons-nous et achevons de suivre cette scène déchirante. O Roi martyr ! souffre que je te porte quelques paroles de consolation ! Déja je revois l'asyle de la douleur... Silence ! le sommeil a appesanti cette tête auguste. O grand Roi ! sans doute l'aspect d'un bonheur inconnu te soutient dans ton infortune. Tes ennemis viennent de dépouiller ton front d'une couronne périssable ; mais demain, demain le Ciel l'ornera d'une couronne immortelle. En ce moment les sons de l'airain lugubre troublent l'affreux silence de ce cachot, et annoncent que la nuit a atteint le milieu de sa course.

Monarque infortuné, je vois la noble expression de ton visage s'affaiblir à ce langage énigmatique du temps qui t'annonce que les portes du tombeau vont s'ouvrir pour toi. Hélas ! est-il donc donné à un mortel de compter de sang froid les pas de la mort.

« Ombre de Henri, c'est toi que j'aperçois à mes côtés ! j'ai entendu les paroles que tu viens de prononcer; mais crois-moi, les heures que je semblais compter avec effroi, ne m'ont point rappelé ma mort, mais les malheurs qui menacent la France, et voilà ce qui a jeté le trouble dans mon ame.

Dans le plus profond de mon sommeil j'ai entendu des paroles mystérieuses, un bruit effroyable a frappé mes oreilles. Dieu! quels flots de sang ont coulé à mes yeux! que de têtes innocentes, que de têtes coupables ont roulé à mes pieds! mon cœur en palpite encore d'effroi.... mais écoute ce qui m'a plongé dans le plus grand abattement: Je croyais être dans un lieu souterrain, une main ensanglantée que je distinguais à peine à la lueur d'une lampe sépulcrale, y creusait ma tombe, et la voûte retentissait du bruit monotone des instruments de la mort; j'entendais comme dans le lointain les cris déchirants de ma famille et de mes fidèles sujets sans pouvoir leur dire un dernier adieu, ni leur prodiguer mes derniers embrassements; je croyais.... mais que dis-je? songe affreux, tu ne m'as que trop représenté la plus triste réalité. Ombre sublime, ta présence me soutient dans cet abyme de malheurs; mais je la réclame surtout pour le moment où je monterai... hélas! tu comprends! pourquoi prononcer le mot d'échafaud? n'ai-je pas l'honneur de la France à ménager jusqu'à mon dernier soupir? En attendant je vais me prosterner aux pieds de celui devant qui les rois de la terre sont comme la poussière que nous foulons aux pieds. O Dieu! puisse, puisse mon infortune apaiser ta justice! puissent mes prières arrêter le bras vengeur que tu lèves sur ce malheureux royaume! »

— « O Louis ! Ta belle ame me remplit d'admiration ; je respecte ta prière, je me retire, car les heures se pressent avec rapidité, et la nuit va bientôt faire place au jour. »

Quel jour, jour du sang, jour du crime, jour du régicide, jour que la France pleurera, où elle se couvrira d'un voile funèbre et ensanglanté que le temps de sa main puissante pourra à peine déchirer ! Jour de ténèbres, car un bandeau fatal va envelopper tous les yeux, et les suites les plus épouvantables seront le fruit de cet aveuglement. Déja le premier crépuscule semble percer l'obscurité de la nuit. Oh ! devrait-il y avoir un jour pour éclairer une pareille horreur ? Soleil ! arrête-toi... mais que dis-je ? continue ton cours, monte dans les cieux, et que ce soit pour pâlir et reculer d'étonnement à la face de la France. Ne marque pas au moins l'heure fatale où le sang royal doit rougir la terre ; laisse à la nuit la plus profonde signaler cette heure qui tiendra l'univers dans un abyme de stupeur.

Du temps que je parle, une main divine s'est emparée de son esprit ; il ne m'entend plus, son ame s'est élevée dans les cieux. « Adieu ! victime sacrée, l'ombre de Henri respecte ta prière ; adieu ! je vais t'attendre sur le bord de la vie pour te conduire dans l'assemblée de tes aïeux. »

A mesure que je m'éloigne de cet asyle, un frémissement général se fait sentir ; le sacrifice va se consommer, et tandis que la victime prépare son cœur pour l'éternité, l'instrument du supplice s'élève, et la main du bourreau prépare le coup fatal.

Si un barbare traversait en ce moment cette nation civilisée, et qu'il aperçût cet échafaud, apprenant qu'il est consacré au supplice des criminels, il continuerait sa route sans s'étonner, et ne verrait dans cet appareil qu'une justice qu'il exerce lui-même au fond de ses forêts ; mais si on lui crie que c'est le monarque des Français qui va périr sur cet échafaud, quel sera son étonnement et son indignation ! et le premier cri dont retentira le rivage qu'il habite, lorsqu'il y reportera ses pas, ne sera-t-il pas un cri de terreur et d'effroi, et les échos du désert ne retentiront-ils pas long-temps de ces paroles : « *J'ai découvert le peuple le plus* « *barbare, il jouit des bienfaits de ses rois et* « *s'enivre de leur sang....* »

Nations de la terre, au nom de la justice et de l'humanité, détournez vos regards de dessus la France, cet astre lumineux qui guidait votre marche a perdu son éclat.

Ah ! barbares, avant de frapper ce coup terrible, effacez donc du front de votre victime le sceau sacré que l'Éternel y a imprimé en caractères ineffaçables ; effacez les titres de père, de roi bienfesant : de descendant de saint Louis. O France !

que répondras-tu à l'univers , à la postérité toute entière, lorsqu'elle te demandera raison d'un pareil forfait et te condamnera à une ignominie éternelle?

Français, puisqu'il est encore temps, rendez ce sceptre, rendez cette couronne, brisez ces fers, et prosternez-vous aux pieds de votre Roi. Paroles vaines, la voix mystérieuse de la tombe ne frappe point leurs oreilles. Un signal affreux retentit jusque sur les confins du royaume, un cri de mort s'élève dans les airs; déja les portes fatales sont ouvertes et le séjour de la douleur et de la captivité livre sa victime. Il arrive au pied de l'échafaud, il monte...... aussitôt un roulement affreux, semblable à celui du tonnerre, se fait entendre, tandis qu'un dernier regard de tendresse et une dernière marque de l'intrépidité et de la résignation la plus magnanime achèvent le tableau frappant du martyre le plus extraordinaire. Un instant seulement, son visage semble indiquer la douleur la plus profonde, triste effet du dernier regard qu'il porte du côté où gémit sa malheureuse famille. Oh! dans une séparation si douloureuse, quel langage que celui que doivent se tenir entre eux ces cœurs sublimes! Épouse malheureuse, Enfants délaissés, était-ce de l'échafaud que vous attendiez le dernier regard de celui qui fesait votre bonheur. Quel pinceau pourrait rendre la douleur d'une épouse fidèle qui voit tomber au

milieu des applaudissements d'un peuple la tête
d'un époux qu'elle adore ! Quel tableau pourrait
représenter la position de ces enfants qui, d'un
côté, ont le sang d'un père à recueillir, de l'autre,
les larmes d'une mère à essuyer et leur propre
douleur à dévorer en silence ? Tigre sous la
forme humaine, que ces assassins ont chargé de
satisfaire la soif brûlante qui les dévore, arrête ce
bras déja levé ; les mânes de l'antiquité, les nations, la postérité sont à tes pieds et te conjurent
de ne point consommer ton forfait ! Mais l'heure
fixée dans les décrets éternels pour l'aveuglement
et le malheur de la France a sonné : un mouvement du bourreau rétablit tout-à-coup le silence
général, la moitié de la France détourne ses regards, le reste frémit.... La main du monstre a
tremblé, et un instant d'hésitation précède l'atten-
tat le plus inoui. Tout-à-coup un cri d'impatience
se fait entendre, coup affreux ; ô sang royal ! ô tête
sublime ! ô nuit, ô nuit, dérobe à la terre ce spectacle horrible !....

Vous fuyez, barbares, vous frissonnez d'é-
pouvante, vain désespoir ! ce sang sillonne sur la
terre l'arrêt irrévocable de trente ans de larmes,
de ténèbres et de mort. O France ! l'ombre de Henri
s'enfuit aussi. O réveil affreux pour moi ! ô nuit
désirée du tombeau, c'est dans ton obscurité que
je vais ensevelir ma douleur.

DEUXIÈME RÉVEIL.

Sommeil léthargique du tombeau, tu me quittes encore une fois ! O mort! d'où vient cette permission de ta puissance, toi qui poses ordinairement un sceau éternel sur la tombe de ta victime? Doux réveil qui me permet de voir les descendants de ces Français que j'ai tant aimés ; mais reveil affreux peut-être , qui doit me rendre le témoin de nouvelles horreurs. En ce moment le soleil n'éclaire point l'univers ; tout est dans le plus profond repos , tout dort, une ombre seule veille. O mort! prête moi un instant ce flambleau brillant avec lequel tu visites sans cesse tous les détours de l'empire de la vie ; prête , que je sorte de ces demeures souterraines , et que je visite encore une fois les plaies de la France.

Déja l'ombre de Brutus a disparu , les repaires de régicides sont fermés, l'air est plus pur. Je ne me sens plus agité par d'aussi tristes pressentiments que la première fois, et je n'entends plus ce frémissement continuel et général qui troubla la nuit mémorable dont le souvenir réveille en moi la plus profonde douleur.

Et toi, flambeau nocturne, astre des nuits, tu n'es plus enveloppé du voile épais qui te déroba à ma vue pendant cette nuit affreuse. Mais qu'aperçois-je au faible éclat que tu répands sur la terre? Hélas, trop triste souvenir, tache sanglante que je découvre sur le sol de France, autrefois le théâtre d'un crime que l'enfer n'a pu nommer que par son silence et son étonnement, tu me rappelles le coup fatal qui fit couler le sang du meilleur des Rois! Roi clément, quel spectacle il fut pour le Ciel, lorsque laissant la vie sous le coup d'une main parricide et prenant son essor dans les régions de l'immensité, son premier pas fut de se prosterner aux pieds de l'Éternel, de lui montrer d'une main paternelle le royaume qu'il venait de quitter, lorsqu'abaissant sur la terre des yeux remplis de larmes, il implora avec toute l'effusion de sa belle ame, le pardon de ses assassins. Un Roi! un père! des sujets! des enfants! qui l'eût dit, qu'entre ces noms que la nature enchaîne, celui de régicide eût jamais pu trouver sa place? Dites-moi maintenant, cœurs dénaturés, sous quel voile l'affreux parricide s'est-il donc présenté pour que vous lui ayez ainsi prodigué vos esprits et vos hommages? Quelque épais qu'il fût, le voile qui cachait ce monstrueux ennemi de la nature et de la raison, n'appartenait-il pas à un Français de le déchirer, pour examiner de plus près celui qui d'une main présentait un poignard et de l'autre l'image du cœur de Louis seize! O toi qui le premier élevas la voix pour enseigner à la France un pareil forfait, ombre sanglante, sors dans cette nuit silencieuse de ton tombeau, où règnent sans doute les plus affreux remords, regarde autour de toi, vois s'ils ont bien suivi tes leçons !....

C'est au bucher élevé pour la monarchie et la religion, qu'ils ont pris le feu pour faire fumer l'encens qui brûle encore pour toi. Honte du royaume qui te vit naître dans son sein, l'ouvrage de la France est ton opprobre et un monument éternel de ton ignominie et de ta prodigieuse scélératesse : à ta voix la hache révolutionnaire s'est levée, à ta voix la tête d'un monarque adoré de l'univers est tombée; mais à la voix de la justice et de la raison, ton nom n'est plus qu'un objet d'horreur et d'exécration, il est gravé en caractères de sang au rang des noms qui rappellent le souvenir des monstres qui ont déshonoré et fait frémir la terre....

Je m'arrête. Déja la nuit a atteint le milieu de sa course; allons contempler les résultats affreux de cette terrible catastrophe, dont je fus naguère le témoin. Dieu! quel amas de ruines! mes yeux cherchent en vain un édifice, un monument qui n'offre les vestiges de l'orage des révolutions : temples sacrés, vous portez sur vos murs la marque des coups redoublés de l'impie. Ils espéraient entraîner dans votre chute la perte de la religion tout entière ; mais, comme s'ils eussent tout-à-coup compris leur folie, comme si cette religion se fût tout-à-coup montrée à leurs yeux en personne, et leur eût fait voir ses titres à l'immortalité, comme s'ils eussent tout-à-coup aperçu la main puissante qui soutient ses fondements, la hache et le marteau leur sont tombés des mains, et ces ruines imaginaires dont ils voulaient faire un monument de leur victoire, forment encore des temples magnifiques : mutilés de toute part ils frappent davantage, et sous cet aspect imposant, ils sont le symbole de celle que dix-huit siècles ont respectée. Comme eux elle montre un front couvert de blessures et de cicatrices ; mais cette immobilité de leurs masses ne marque encore que faiblement la sûreté et le mépris avec lesquels elle voit se presser à ses pieds une foule innombrable d'ennemis.

Dieu ! qu'aperçois-je encore au fond de ces temples augustes qu'une main tremblante vient à peine d'ouvrir ? les débris du sanctuaire épars sur le pavé de l'enceinte sacrée, la croix brisée, les murs encore teints du sang des ministres de la religion, le blasphême gravé à la place des caractères antiques qui rappelaient les leçons du Christ !

Murs sacrés, quel deuil ! lorsqu'au lieu de retentir des hymnes destinés à la louange de l'Éternel, vous répétiez avec horreur et comme malgré vous les chants insultants de l'impie, dont vous murmurez ce semble encore !

O Religion, ô reine infortunée, que j'aperçois assise sur ces débris, quel torrent de larmes s'échappe de tes yeux ! Tes regards sont fixés dans l'avenir comme pour interroger le Ciel sur les épreuves qui te sont encore réservées. Quelle douleur agite ce sein percé de mille coups ! Quels soupirs tu pousses vers le Ciel ! Avec tes mains bienfesantes tu sembles chercher autour de toi, ta voix presque étouffée semble vouloir faire entendre quelques paroles de tendresse : mère infortunée, ce sont tes enfants que tu cherches, et que tu ne trouves plus auprès de toi ; épouse fidèle, c'est ton époux que tu appelles par tes soupirs ; reine infortunée, ta seule consolation dans cette nuit silencieuse, est de laver de tes pleurs la trace du sang de tes enfants chéris ! O suites désolantes des révolutions humaines !.... O ravages incroyables ! Vous aussi monuments précieux des ancêtres du Roi martyr, vous avez souffert de leurs fureurs... Ne pouvant assez exercer leur haine et leur rage sur les restes insensibles de ceux qui vous firent élever, ils ont cherché à en effacer du moins le souvenir. Le temps à qui il était réservé de porter sur vous sa main destructive, semblait vous respecter ; et vous, Français, vous qui deviez respecter l'ouvrage de vos Rois, y vénérer leur image empreinte , et leur savoir gré du souvenir qu'ils réveillaient en vos esprits, vous n'avez pas craint d'y porter une main sacrilége! Marbres muets qui représentiez leurs personnes augustes, les remords déchirants que votre aspect fesait naître en leur cœur, les reproches sévères que vous sembliez leur faire, et la crainte peut-être que vous ne vous ranimassiez pour leur reprocher leurs forfaits, les ont poussés à vous renverser et à vous briser. N'importe, vos débris sont encore plus énergiques, et le bruit de votre chute a été pour eux un langage encore plus terrible que votre aspect. Monarques augustes , ils ont voulu anéantir votre mémoire; les insensés! ils l'ont éternisée. Oui, chaque mortel qui contemplera ces ravages, s'il s'informe de leur cause , apprendra que vous fûtes rois et bienfaiteurs de la France.

O révolution française ! tombeau de presque toutes les vertus sociales, que de ruines, que de sang tu laisses sur ton passage ! que de larmes amères tu laisses à verser ! Mais un sourire semble se manifester dans les cieux : astre des nuits, la pureté de ton disque m'en est un gage certain. Déja j'aperçois les signes d'une main réparatrice ; le calme, la paix et le bonheur vont reprendre leur ancien empire. Mais que vois-je sur le seuil de cette entrée sépulcrale? O mort, je te reconnais, c'est toi-même qui te présentes à mes regards. D'où vient cette attitude inaccoutumée dans ce séjour? Elle ne montre plus cet air effroyable qu'elle n'avait jamais quitté; aujourd'hui elle semble ressentir la pitié, quel prodige! Sa faulx terrible est à ses pieds; j'aperçois dans une de ses mains un sceptre qui n'a jamais servi; il était sans doute destiné à quelque illustre victime; comme elle le considère avec tristesse! De ses yeux caves semble distiller une eau livide; eh quoi! des pleurs! Quel nouveau prodige! comme elle semble demander au Ciel et à la terre pardon d'un coup terrible qu'elle ne voulait point frapper. O mort, fais moi comprendre ce mystère si sombre, et qui me remplit d'effroi. Qu'entends-je? Un craquement subit se répète sous ces voûtes souterraines; c'est elle qui élève son squelette décharné; ses os se choquent avec bruit, et au travers de ce corps hideux qui occupe l'entrée de ce séjour, j'aperçois une multitude de tombeaux et des monceaux d'ossements desséchés; elle y porte sa faulx puissante, les remue avec un mépris qu'elle témoigne par un sourire effroyable. Me prenant alors et me fesant faire quelques pas au fond de ces retraites lugubres; Dieu, quel spectacle! une mère! une épouse! une princesse! L'écho des tombeaux répète ces trois noms échappés à ma surprise. Ces cheveux épars, ce visage collé sur cette tombe, et ces larmes qui arrosent le marbre glacé, quelle image déchirante ! Ah ! Princesse infortunée, l'ombre de Henri quatre vient partager ta douleur : non, non, je ne viens point troubler le langage sacré que tu tiens aux mânes de ton époux. Ton époux! son nom ! Ah ! si dans un excès de douleur tu pouvais me l'apprendre ! Mais silence ! le langage muet des caractères gravés sur cette tombe va me le faire connaître. Son nom, c'est l'espérance de la France..... O Prince infortuné ! ô Berry, je te reconnais à ce nom sublime, l'espérance de la France !....... et maintenant il dort dans la nuit des tombeaux !..... Le nom de ton assassin? que dis-je? ce n'est point ici qu'il doit se faire entendre. Une voix étouffée semble cependant sortir du fond de ce sépulcre ; quels accents douloureux ! La main qui m'a frappé, c'est la main d'un Français.

O France, toujours du sang ! toujours le sang de tes princes ! Qui portera donc le dernier coup au monstre insatiable, à l'hydre des révolutions, qui se nourrit des rejetons de ce grand arbre qui, depuis tant de siècles, protége ce royaume? Un Français, si c'était un barbare au moins ! O France, si mes pressentiments sur l'avenir se réalisent, que de regrets ! que de plaintes ! Un jour, tu conjureras la mort, tu rappelleras du tombeau ces princes magnanimes , du sang desquels tu es toute couverte. Un jour peut-être , sous le joug de la tyrannie , au milieu des horreurs du désespoir, tu léveras vers le ciel tes mains rougies de sang ; tu imploreras son secours : mais tout sera peut-être inutile. Tu as formé le dernier anneau de la chaîne de tes crimes ; tremble , maintenant il n'est presque plus d'espérance...

O toi , Princesse infortunée , qui pleures ici sur les restes de ton époux , écoute et ne crains point ! Tu vois devant toi l'ombre de Henri quatre ; la tombe a aussi ses douleurs, et quoique je ne jouisse plus de la même vie , je ressens profondément le coup qui frappe tout à la fois ton époux et l'un de mes petits-fils , et si ces yeux n'étaient pas maintenant une poussière insensible , je mouillerais aussi de mes larmes cette tombe sacrée... Ramené par une faveur, hélas ! bien triste, au milieu des choses de la vie , je n'y vois que des objets qui m'affligent, et j'aurai la douleur de me renfermer bientôt dans ma tombe avec le triste pressentiment d'un avenir... hélas ! Mais quelques années encore doivent s'écouler , et le ciel peut-être écoutera les soupirs et les prières qui s'éléveront vers lui du fond de mon cercueil : que dis-je ? En ce moment, une inspiration secrète s'empare de moi , la voix de Henri quatre est entendue, mes soupirs sont montés jusqu'au ciel. Princesse auguste ,

écoute ce qu'il t'annonce par ma bouche : « Tu portes dans ton sein le salut de la France; l'Éternel
te fait présent d'un fils pour sécher tes larmes ;
mon nom sera le sien ; un autre nom lui est destiné , nom mémorable qui doit lui rappeler toute
la vie, que la France le regarda comme un présent
du Ciel pour réparer le coup affreux qui avait dé-
truit toute espérance , et consoler une princesse
infortunée. Prince attendu, que ma voix pénètre
jusque dans les entrailles qui te portent; tressaille
d'alégresse , parce que le jour où tu naîtras, sera
le jour où la France soulévera son front cicatrisé ,
et sourira au Ciel qui t'envoie. C'est alors que ses
pleurs tariront, qu'elle écartera ce voile lugubre
dont elle s'est couverte si long-temps; c'est alors
qu'elle te montrera avec orgueil à ses ennemis ,
comme tenant dans ses mains le gage d'un bonheur qu'ils voulaient lui ravir. Maintenant , je
rentre dans la nuit du tombeau. Veuille le Ciel ne
plus troubler mon sommeil, que pour me montrer la France heureuse ! O France ! l'ombre
de Henri te salue ; puisses-tu entendre ma voix et
l'écouter; car les leçons qui partent du fond des
tombeaux, sont précieuses et salutaires. Pour toi,
Princesse infortunée , calme ta douleur, vas goû-
ter les douceurs du sommeil qui, depuis plusieurs
jours, a fui de ta paupière , et n'oublies pas les
paroles mystérieuses que je t'ai adressées. »

TROISIÈME RÉVEIL.

Quel bruit vient troubler le silence de mon cercueil? c'est le bruit de la bêche fatale qui creuse une tombe à mes côtés. Je crois avoir entendu gémir les degrés du trône; la mort vient de frapper un coup terrible, la France en retentit, et la profondeur de ces retraites sombres en a mugi. Que vos cendres s'agitent, vous tous qui dormez ici d'un sommeil de mort, les dépouilles d'un monarque illustre vont prendre place au milieu de vous. Tête sacrée sur laquelle se rassemblèrent tous les malheurs, ô toi, qui, le front dépouillé du diadême, promenas pendant vingt ans parmi les nations, les lambeaux de la pourpre royale; Monarque que l'univers admira, les peuples saluaient le sceptre brisé que tu tenais en tes mains, et la terre d'exil t'avait enfin rendu aux embrassements de tes enfants. A ton aspect, la terre des lis était devenue fertile, et la fidélité déployant ses étendards, avait réuni tes sujets, et les avait amenés sur ton passage, pour applaudir à l'arrivée

de celui qu'ils appelaient depuis si long-temps
par leurs soupirs. O France! couvre-toi aujour-
d'hui d'un voile funèbre, cache aux nations ce
visage où l'espérance répandait la sérénité. O
France! encore des larmes! Eh quoi! à peine es-
suyais-tu celles que le souvenir de tes malheurs
passés fesait couler, que celui qui te protégeait,
en contemplant son ouvrage à peine commencé,
le bonheur de ses enfants, penche sur ton sein
sa tête royale, et descend pour jamais dans
la tombe. Hélas! maintenant, il me semble
que le nuage qui cachait tes destinées futures,
vient de se dissiper ; la terre gémit déja par
l'effort de l'hydre des révolutions, qu'on croyait
englouti pour jamais. Il a senti tomber celui qui
le tenait captif sous ses pieds avec une puissance
invincible. Sa tête paraît, ses yeux étincellent de
fureur, et de sa gueule encore teinte de sang,
sortent avec une exhalaison concentrée qui donne
la mort, des hurlements qu'il n'a jamais fait entendre. Puits de sang qu'il creusa, tu n'es donc
pas encore comblé! Et vous, monuments expia-
toires, sous lesquels reposent des monceaux d'ossements, vous conservez donc encore sous vos
masses un tombeau pour de nouvelles victimes!
Déja les événements se préparent et se dirigent
vers le but effroyable, arrêté par l'irréligion et
l'anarchie. Déja des mains coupables rassemblent

les feuilles dispersées , où sont écrites les leçons des premiers bourreaux de la France. Ces
monstres laborieux, dont les bras avaient été en-
chaînés, ont enfin pu rompre leurs chaînes : tout-
à-coup , la presse vomit des milliers d'ouvrages
plus coupables les uns que les autres ; l'avidité et
l'inconstance de la foule s'en rassasie. Je vois les
ambitieux, les impies, les régicides se multiplier
d'une manière effroyable ; tout se meut, tout s'a-
gite ; c'est un poison qui a toute l'apparence et
toute la douceur d'un breuvage salutaire. Le vieillard croit y trouver une consolation dans sa vieillesse , et cet être échappé aux révolutions , s'imagine qu'il va mourir à l'aurore d'un bonheur
réservé pour ses enfants. Le jeune homme bercé
par la même espérance , bénit le Ciel d'être destiné pour les temps de liberté et d'indépendance.
L'enfant, ô ciel ! quelle génération se prépare !
l'enfant, à peine sorti du berceau, s'enivre aussi
dans la coupe où s'empoisonne son père. Au nom
de Henri quatre , Français, arrêtez : déchirez, ané-
antissez ces écrits où vous apprenez à méconnaître
les lois qui procurent le bonheur et la vie d'un
royaume. Dans quel abyme vous précipitez-vous ?
Quelle profondeur ! et sur vos têtes , quels nuages
chargés de foudre se rassemblent ! N'entendez-vous
plus la voix de Henri quatre ? Du bord de ma tombe
cependant, je puis encore vous montrer le chemin

de l'honneur et de la tranquillité. Vaines paroles : le mouvement est donné, les événements marchent toujours. Déja je vois l'impie élever son front audacieux ; il pousse un cri furieux contre le Ciel, et lance autour de lui des regards menaçants. Je le vois déployer ses étendards, il rassemble ses adhérents ; le moment de l'attaque est arrivé. Chaque génération de ces hommes que la nature désavoue, fait à chaque siècle un nouvel effort, et se croit réservé l'honneur de renverser l'édifice sacré dont les fondements sont éternels : aussi nombreux que les flots de la mer qui s'avancent écumants de fureur, et semblent vouloir submerger le monde, ils se précipitent, et le bruit d'une tempête représente faiblement les cris épouvantables dont ils font retentir la terre. Mais semblables à ces flots dont l'impétuosité effrayante s'évanouit tout-à-coup là où l'Eternel a fixé la limite, c'est aussi au pied de ce grand édifice, qu'ils voient expirer les efforts impuissants de leur rage.

Semblables à des enfants qui réunissent leurs faibles bras contre un de ces rochers qui voient, sans s'ébranler, s'écouler toute la suite des siècles, ils veulent, les insensés, avec moins de puissance encore, renverser ce rocher mystérieux dont les fondements touchent aux abymes, dont le sommet se perd dans les nues....

Ils ne remporteront point la victoire, la Religion

est à l'abri de leurs efforts. Mais l'homme, frêle roseau que le moindre souffle incline jusqu'à terre, l'homme tremble devant eux; déja le nom seul de celui qui protége la vertu, et dont la puissance est infinie, fait monter la rougeur de la honte sur ce front marqué au sceau de la Divinité; l'homme de bien pâlit, la plume sacrée qu'il tenait dans ses mains, se brise par le mouvement de sa lâche frayeur. Qui voudrait prononcer le nombre de ceux que cet exemple fait chanceler et tomber? Aussitôt une main divine jette un bandeau fatal sur ses yeux, le torrent l'enveloppe et l'entraîne. Ce torrent de l'impiété va toujours croissant, et effleurant le rocher éternel auquel doivent s'attacher fortement les amis de l'ordre et de la vertu, il en détache un nombre incalculable, et ces malheureux vont infailliblement se perdre dans l'abyme de l'erreur. Cependànt j'aperçois çà et là des bras puissants qui pourraient former une digue insurmontable. C'est à vous que je m'adresse, vous tous que le Ciel a placés sur la France pour la protéger: ô vous tous qui entourez la personne du Monarque, ah! de grace, déchirez ce voile épais qu'une main perfide a placé devant le trône; laissez voir à ce roi magnanime la position de la France: un seul de ses regards peut-être suffira pour dissiper les nuages qui se forment de toute part. Descendant de saint Louis, tes enfants boivent dans une coupe fatale, ils y boivent la mort avec tout ce qu'elle a de hideux.

Monarque, lève ton glaive, et frappe la main perfide qui la leur présente. O liberté des Français! n'es-tu point la cause de leurs malheurs? présent funeste, que les ennemis de leur bonheur ont sollicité comme un besoin, qu'une main paternelle a accordé comme un remède à leurs maux, et qui, sorti des trésors de la bonté royale, s'est aussitôt changé en un venin mortel qui circule partout avec une rapidité effrayante, et dont les suites arracheront encore des soupirs et des regrets à la tombe. O puissances! ô lumières de la France, rendez-lui le calme et la paix en arrêtant les progrès de la tempête. Mais des chaînes invisibles les retiennent; leurs mains feuillettent les annales; ils rappellent à leur mémoire le passé; ils considèrent dans l'avenir; ils pâlissent et restent dans l'inaction, présage effroyable qui indique un mal sans remède. Chênes superbes, au lieu de vous élever, vous semblez disparaître dans les abymes; un coup affreux peut-être donnera l'explication de cette énigme.

Quel nouveau spectacle? de toute part des statues, des inscriptions, des marches de triomphe!... Ah! c'est sans doute aux mânes des bienfaiteurs de la France qu'on élève ces trophées; c'est vous tous qu'on invoque, vous qui avez régné sur la

France; c'est une expiation de vos lois profanées et violées; c'est une expiation du sang royal indignement répandu; c'est enfin un hommage rendu à vos cendres pour vous rendre propices à la France, pour vous engager à déposer aux pieds de l'Éternel les couronnes immortelles qui ornent vos fronts glorieux et solliciter le salut général. Dieu! qu'ai-je vu? le comble de l'ignominie et de l'aveuglement, la France signe sa perte......... Les destructeurs de la monarchie, les assassins des rois, les ennemis de cette Religion que vous avez protégée, les hommes dont les mains coupables préparèrent le coup fatal qui étonna l'univers, et dont la France se ressent encore, ce sont là ceux dont on grave partout l'image sur le marbre et sur l'airain; ce sont ces traîtres à la nation devant qui le Français dégradé baisse son front couvert de honte.

France, est-ce pour insulter à la mémoire de tes Rois, que tu commets de pareils outrages? Va, garde ton encens et tes honneurs, foule aux pieds ces lis dont tu ternis tous les jours l'éclat et la pureté; nous ne voulons plus de tes hommages; des mains qui élèvent des autels au vice et à l'indépendance, ne sont point dignes d'orner la tombe qui renferme nos cendres. O royaume, dont les nations admiraient autrefois la gloire et la sagesse, tu n'es plus pour elles maintenant qu'un objet de mépris et de risée; le bandeau sur les yeux, tu vas leur servir de jouet, et bientôt peut-être elles arracheront par lambeaux ce manteau royal qui te couvrait et dont l'éclat attirait le respect et les hommages de l'univers.

Peuples étrangers, placez des sentinelles vigilantes sur vos murs, si vous ne voulez subir la destinée de la France; allumez le flambeau de la justice pour consumer les écrits dangereux par lesquels elle cherchera à vous entraîner avec elle. Mais, ô secrets impénétrables de celui qui élève et renverse à son gré les empires! la contagion parcourt l'univers; à son approche, comme à celle d'un dissolvant puissant, tous les liens de la monarchie et de l'ordre social se rompent à la fois. O Dieu! l'arrêt de mort écrit sur le front de la France va-t-il faire le tour de la terre? et les malheurs qui pèsent sur la terre des rois, annoncent-ils des catastrophes générales?

Quel désordre nouveau vient encore affliger ma patrie infortunée! tandis que la puissance royale presque désespérée à la vue de tant de maux à guérir, laisse tomber son sceptre; le peuple s'en empare. Il veut se sauver lui-même; et tandis qu'il n'a d'autres ressources que d'élever au ciel des mains suppliantes, il fait de vains efforts, il s'agite, et s'imagine sortir de l'abyme par le mouvement qui l'y enfonce de plus en plus.

De toute part s'élèvent des cris d'indépendance ;
ce peuple veut régler ses destinées ; et, comme
un malade entêté qui ne veut pour remède à sa
maladie que le fruit de son ignorance, il veut
que les lois et les institutions soient son ouvrage.
Comme un voyageur sur un rocher élevé, voit
au milieu d'une mer en fureur un vaisseau bal-
loté par les vagues qui s'élancent continuellement
sur lui, et qui sont prêtes à l'engloutir, du bord
de la tombe, je vois sur le torrent de la vie le
vaisseau de l'État voguer sans pilote, sans mât ;
car le souffle des révolutions l'a brisé. Je le vois
qui penche déja et s'enfonce peu à peu dans
l'abyme ; bientôt ce gouffre immense, où sont
réunis les empires dont les lugubres récits de
l'histoire font mention, va s'ouvrir... France,
je te le crie encore, sauve-toi, tu vas périr
pour jamais.

Puissent quelques débris de ta grandeur surna-
ger encore ! puisse ton nom apparaître de temps
en temps sur le rivage de cet océan éternel de l'ou-
bli, pour rappeler aux nations les causes de ton
malheur, et leur servir de leçon et d'exemple !

QUATRIÈME RÉVEIL.

O France! à qui les décrets du Ciel rendent encore une fois l'ombre de Henri quatre, salut! Je me réveille à l'approche de la plus horrible tempête. Quelle attente générale! Comme les nations fixent leurs regards! tout attend la solution d'un problême politique. Graces au Ciel, les destinées de la France vont peut-être changer. La Royauté, conduite jusqu'au bord du précipice, a plongé ses regards dans l'abyme, et en a mesuré la profondeur; elle va faire en arrière un pas d'une violence extraordinaire. Quels obstacles on a placés derrière elle, et quels coups peut-être il va falloir frapper! Mais déja quelles sont ces têtes illustres que je vois errer autour du palais? Ce silence et cet air lugubre que je vois régner parmi eux indiquent quelque chose de sinistre. Je vous reconnais, c'est vous, Ministres déchus, qu'une main royale vient de repousser impitoyablement, avancez, c'est à moi, c'est aux mânes de Henri quatre qu'il faut rendre compte de votre administration.

Quelle fut, dites-moi, votre intention en vous asseyant auprès du Monarque qui vous remit le dépôt précieux de son auguste frère? Quelle fut votre marche dans le gouvernement, et quelle prospérité, quels succès la France, la Religion peuvent-elles vous attribuer? Votre intention! la France l'ignore encore; mais la France n'ignore pas celle que vous deviez avoir. Votre intention devait être de protéger la Religion, d'arrêter les progrès de la révolution, et de mettre ainsi un terme aux soupirs douloureux qui sortaient continuellement de la tombe de celui qui vous conjurait, quoique dans les bras de la mort, de suivre la route qu'il avait indiquée. Votre intention! devait-elle être contraire à celle du Roi dont la mémoire devait être sacrée pour vous? devait-elle différer de l'intention de celui qui rétablit tout-à-coup le calme au milieu de la tempête, qui sut arracher son royaume à une révolution, qui après trente ans de ravages menaçait enfin d'une destruction à jamais irréparable, de celui enfin qui sauva la France.

O Louis! à qui la religion, la politique et toutes les nations présentèrent une palme, devais-tu penser aux portes du tombeau, que la mort, en te séparant de tes sujets, séparerait leur intention de la tienne? Ministres français, n'entendiez-vous pas sa voix qui vous poursuivait partout et vous criait : « Ne troublez point le repos de mes cendres;

jugez de mes intentions d'après mon règne, et n'interprétez pas pour le malheur de mon peuple les lois que je dictai pour son bonheur; j'ai protégé la religion de mes ancêtres, vous devez la protéger; jamais mon intention ne fut d'arracher une seule larme à celle pour qui saint Louis versa son sang.

« J'ai mis un frein à la rebellion, vous devez le maintenir; j'ai fermé la bouche à l'impie, vous devez suivre mon exemple. »

Vous deviez l'entendre cette voix qui tantôt épouvantait le parti révolutionnaire, tantôt encourageait le dévoûment et la fidélité à la monarchie. Oui, elle devait parler à vos consciences bien fortement; et d'ailleurs, le trône dont votre Roi vient de descendre, ne retentit-il pas encore de ses leçons et de ses volontés augustes? Mais pourquoi vos oreilles ont-elles été fermées à cette voix royale? D'où vient qu'au premier acte de votre administration, la révolution expirante a poussé un cri d'espérance, tandis que la France monarchique et la Religion n'ont fait entendre que des cris de crainte et de terreur; au moins alors, si vous aviez fait un pas dans l'erreur, ne deviez-vous pas reculer d'horreur, au lieu de contempler avec sang-froid un pareil spectacle. Loin de là, vous avez continué votre marche, et la révolution vous applaudit de nouveau. L'impiété vous demande à grands cris la proscriptiou de ces hommes destinés à faire fleurir la Religion de l'État, de ces hommes que les régions lointaines admirent, et dont la trace est pour le barbare un objet de vénération ; de ces hommes qu'on calomniait sous mon règne, et que j'ai rappelés moi-même de l'exil, après avoir reconnu en eux le caractère sublime de la vertu et de la fidélité à leurs rois, de ces hommes que la Religion réclamait à grands cris. L'impiété a mesuré ses ennemis ; elle les a reconnus invincibles : c'est pour cela qu'elle a sollicité leur expulsion. Et vous, Ministres, vous avez osé employer contre eux une puissance qui ne vous était confiée que pour la paix et le maintien de la justice ; vous avez osé tenir à leur égard une conduite que le barbare lui-même ne tient pas au fond de ses forêts. Quoi ! au milieu de la civilisation, au milieu des lois faites pour protéger l'innocence, quoi donc ! au mépris de la nature, des mœurs et de la coutume de toutes les nations, au mépris de mes cendres, au mépris de celles des monarques qui les protégèrent, vous avez osé les condamner, leur défendre la patrie, sans qu'ils se fussent présentés, sans qu'ils fussent entendus, sans qu'il leur fût même permis de prononcer une seule parole pour leur justification. Montrez-moi le coupable, le parricide, le régicide envers qui l'on ait tenu une semblable conduite ! Ah ! c'était pour la Religion qu'était réservée une injustice si criante ! Vous avez imité les proscriptions horribles que signèrent les monstres de la révolution, dont le souvenir fait frémir la nature. Quelle excuse ? Qu'avez-vous à répondre ? Et c'est là l'accomplissement de cette Charte sacrée où vous deviez puiser des sentiments de justice et d'humanité ? Et c'est là votre vénération pour les cendres de Louis dix-huit? c'est là votre soumission à ses volontés ? O Louis, que dirais-tu, si tu reparaissais tout-à-coup au milieu de la France ? Est-ce là ce que tu voulais? Est-ce là ce que tu écrivis dans tes lois ?

O honte de la France ! les cendres de l'antiquité se raniment pour vous condamner et vous couvrir de mépris. O Sparte ! ô Athènes ! ô nations du paganisme! je vous le demande, répondez : à qui aviez-vous confié l'éducation de la jeunesse? Était-ce à des hommes qui attaquaient vos dieux, qui attaquaient vos lois? était-ce à des hommes qui se riaient de votre piété, et qui ridiculisaient votre culte ? était-ce enfin à des hommes qui mettaient en doute vos principes les plus sacrés, que vous aviez confié vos enfants? Et cependant, votre religion, votre morale n'était point la nôtre. Quoi donc ! des ministres chrétiens ont considéré les dépositaires de la sagesse et de toutes les vertus, ils ont vu dans ces hommes qui tiennent dans leurs mains le dépôt sacré des doctrines de la Religion, les ennemis de l'impiété et du libertinage ; ils ont vu dans ces hommes des sentiments tout royalistes, des sentiments opposés à l'esprit d'indépendance et de rebellion ; ils ont reconnu dans ces hommes les instruments nécessaires pour former une génération soumise aux lois du trône et de la morale, et pour organiser une ligue invincible contre tous les ennemis de la vérité. Oui, Ministres, vous l'avez vu, vous ne pouviez l'ignorer ; mais un cri de la Révolution s'est fait entendre, et vous avez arraché à ces mains pures cette jeunesse qui croissait pour le trône et la Religion. Oui, par un acte du despotisme le plus infame, que vous n'avez pas craint de colorer du nom de liberté, vous avez ravi au père son droit le plus naturel , celui d'élever ses enfants selon ses sentiments ; vous avez ravi au Roi des sujets et des défenseurs ; vous avez insulté à la Religion de vos pères, en la regardant comme indigne de faire entendre ses leçons au milieu de la patrie. Mais quelle est donc cette voix qui s'est fait entendre, et qui dicte des lois dans le royaume de la Divinité même ? Quels sont ces hommes audacieux , aux pieds desquels la Religion doit se prosterner et déposer ses droits les plus sacrés et les plus divins ? Ils se sont écrié avec l'orgueil le plus vil et le plus méprisable : « Religion de nos pères, voilà ceux que tu auras pour tes ministres, en voici le nombre, tu ne le dépasseras pas ; n'importe le besoin des peuples , n'importe le succès de ta morale , voilà ce que nous t'ordonnons. »

Et c'est là votre fidélité à la Charte , et c'est là la liberté que vous proclamez partout, et c'est là l'intention de celui dont vous interprétez , dites-vous , les volontés? O Louis ! c'est sur toi qu'ils s'appuient ; voulais-tu devenir un persécuteur ? Voulais-tu percer au cœur l'Eglise , entre les bras de laquelle tu rendis le dernier soupir? Roi chrétien , Fils aîné de l'Eglise , voulais-tu suivre l'exemple de ceux qui la couvrirent de deuil ? Quel blasphême ! Et ce sont là les intentions que te prêtent tes ministres..... O Louis ! quel serait ton étonnement , quelle serait ta douleur , si tu reparaissais tout-à-coup au milieu de la France en proie à tant d'agitations et d'injustices !......

Quels sont ces cris d'acclamation , dont j'entends retentir les airs ? Quelle foule ! comme elle se précipite ! Et cependant je vois au fond du palais le Monarque enseveli dans l'inquiétude et la douleur. Quelle est cette tête blanchie qui domine sur la foule ? En vain cherchai-je dans ses traits les traces de la grandeur et du dévoûment au bonheur de la France : je n'aperçois dans ces regards, qu'une mort prochaine apesantit déja , que la noirceur et la trahison. Peuple français , aux pieds de qui te prosternes-tu ? Eh quoi ! serait-ce un de

ces hommes illustres par les forfaits de la révolution ? Robespierre, Marat, êtes-vous échappés
de la tombe ? Est-ce vous, dont le fantôme effrayant se promène au milieu de la France ? Qui
que tu sois, arrête ici tes pas triomphants; l'ombre de Henri quatre t'adresse la parole; réponds-
moi : qu'annonces-tu à ce peuple ? montre-moi
quelle est ta devise......

Eh quoi ! ta vieillesse criminelle réunit les efforts de sa voix pour annoncer à la France que
l'insurrection est le plus saint des devoirs ! C'est
toi qui amenas la fameuse année de deuil qui,
comme un fantôme effrayant, se présente sans
cesse pour servir d'exemple et de leçon aux monarques et aux peuples de la terre; c'est toi qui
à côté de la royauté expirante, au milieu des cris
et des efforts des assassins de ton Roi; te livrais à
un lâche et perfide sommeil. Homme noirci de crimes, homme de tous les partis pour lesquels la per-
fidie dictait tes serments, c'est toi qui oses pro-
mener sur le sol français ta dégoûtante vieillesse
tachée du sang royal. Reste affreux des artisans du
malheur de la France, fuis d'ici : ton aspect rappelle trop le souvenir des maux de la patrie; fuis,
dis-je, épargne au fils le souvenir du massacre de
son père, épargne à l'épouse le souvenir de l'as-
sassinat de son époux; épargne à la Religion le
souvenir de tant de sang, de tant de sacriléges,

de tant de forfaits ; épargne enfin à tous les braves
Français le déchirant souvenir de la perte du meilleur des rois. Comment oses-tu parcourir ta patrie,
lorsque à chaque pas se présentent à tes yeux des
édifices, des monuments où sont encore les vestiges
de la fureur que tu fomentas ; lorsque partout se
rencontrent sur tes pas des monuments lugubres ,
qui renferment les cendres de ceux qui te doivent
la mort , et dont le sang crie vengeance contre toi !
Faible vieillard , déja un pied dans le tombeau , et
ne vivant que par un bienfait et un acte de clémence que tu ne méritas jamais, tu rêves peut-
être la royauté.... Songes y bien ; tu promets au
peuple le bonheur, il t'écoute ; mais une fois désabusé, la vengeance sera terrible. Rappelle-toi le
sort de tes dignes collaborateurs, et vois s'il a ba-
lancé, ce peuple, d'abattre l'idole impuissante et
mensongère qu'il avait lui-même placée sur l'autel.

Peuple français , j'aperçois déja dans ton sein
les effets de cette apparition contagieuse : que de
traîtres, que de parjures, que d'impies arrachent
enfin le masque dont ils se sont couverts si long-
temps ! Enfants de 93, comme ils se précipitent
sur les pas de celui qui amena le 21 janvier ! Sujets
ingrats, ils désertent le sanctuaire des lois pour
poursuivre un vain fantôme de liberté ; ils aban-
donnent l'étendart des lis pour se réunir sous les
drapeaux d'un chef de rebellion. Ce n'est plus le

noble cri de Vive le Roi ! qui ébranle les airs ; c'est un nom qui ne rappelle que des idées de sang : nom de trouble que l'insurrection a gravé à chaque pas sur le sol des régions lointaines. Comme ils s'enivrent au milieu de ces banquets nocturnes , en mémoire des flots de sang qui inondèrent la France ! Que de nuits ténébreuses ils passent à former des complots ! O silence des ténèbres, par quels blasphêmes , par quels serments exécrables es-tu troublé ! Déja les lois perdent leur empire; la majesté royale n'inspire plus la même vénération, ni le même respect ; les institutions les plus sacrées sont couvertes de mépris ; les plus révoltantes sont protégées; le cri de réunion s'est fait entendre , et déja la foule des ennemis du trône déploie ses étendarts , et s'ébranle pour marcher au premier signal qui lui sera donné. Tremblez factieux : l'ombre de Henri quatre se réveille; le panache blanc dont l'aspect épouvanta ses ennemis, flotte déja sur la tête d'un monarque outragé; son bras rempli d'une vigueur que lui inspire le danger où il voit ses fidèles sujets, va se lever..... Monarque français, ton royaume est le plus beau de l'univers, ta couronne est la plus brillante et la plus imposante ; veille, frappe, et flétris de ton sceptre cette horde de sujets révoltés. Chefs de révolte, n'importe vos menaces , je vous le jure, la Monarchie ne fléchira pas; et ne croyez pas que l'épouvante et la terreur

paralysent les bras d'un de mes descendants. Charles dix, les ombres de soixante rois te contemplent;
tromperas-tu leur attente ? Non, non : c'est toi qui
dois porter le dernier coup à la Révolution française; c'est sous tes coups qu'elle doit expirer après
quarante ans d'une agonie dont l'incertitude a
toujours tenu le trône dans l'hésitation. Charles
dix, écoute aujourd'hui la voix du tombeau :

« L'heure va sonner, laquelle doit fixer ou la
perte définitive de ton royaume, ou son salut qu'il
n'avait obtenu qu'à moitié; l'heure va sonner, laquelle en s'écoulant te laissera ou le nom immor-
tel de réparateur et de sauveur de la Religion, de
l'ordre social et de la dynastie des Bourbons, ou
celui de dernier roi de la tige fameuse dont l'antiquité et les vertus imposent le respect à toute
la terre. L'heure va sonner enfin où la voix de Henri
quatre va demeurer pour la première fois sans
effet, ou va continuer de procurer le bonheur et
la prospérité de la France. Frère d'un roi martyr, je vois les générations futures te saluer par
des cris de reconnaissance; je les entends te pro-
clamer l'auteur de leur prospérité; je les vois t'é-
lever des monuments, et te placer au rang des
premiers monarques de la terre.

Oui, Monarque français, ton nom retentit déja
dans l'immensité de l'avenir.... j'entends déja la
Religion de tes pères te placer entre Clovis et saint

Louis, et faire retentir ton nom jusque dans les temples consacrés à l'Éternel. La mort que le temps semble conduire au pied de ton trône, recule à ta présence ; un ordre d'en-haut est parti, tu es né pour sauver la France, tu consommeras ton ouvrage. Tremble, faction de trouble et de sang, l'ombre de Henri quatre a paru, sa voix a pénétré jusque vers le Monarque français ; tremble, le Ciel ne lui a pas remis en vain le glaive de la justice. Sujets fidèles, tenez-vous prêts, joignez-vous à votre roi et à ses ministres ; gardez-vous de trembler devant les étendarts de la rébellion ; suivez le panache blanc, il vous conduira au chemin du salut et de l'honneur. Braves Français ! c'est au nom de la suite imposante des rois qui vous ont successivement gouvernés, que je vous adresse la parole ; enfants de l'honneur et de la gloire, que mes mains puissent enfin vous réunir et épargner à un Roi qui vous sert de père, le triste spectacle de votre ingratitude et la nécessité des châtiments ; n'affligez point sa vieillesse par le mépris et l'insurrection ; respectez cette tête blanchie dans les malheurs et les revers ; ne réveillez point dans son esprit des souvenirs qui lui rappellent la mort tragique et affreuse de son illustre frère ; laissez enfin terminer une paisible carrière à celui qui soupira toute sa vie pour le bonheur et la prospérité de la France. Et d'ailleurs, où est donc ce fantôme effrayant qu'on vous représente partout comme à la porte de vos demeures? la justice ne pèse-t-elle plus vos différents? l'innocence ne trouve-t-elle plus dans les lois la protection qui lui est due? le faible est-il impunément opprimé par le plus fort? avez-vous une goutte de sang versée inutilement à reprocher au Monarque français?... Le despotisme! Ah! levez le voile dont se couvrent ceux qui vous tiennent un pareil langage; vous reconnaîtrez dans ces amis prétendus de la liberté, les plus vils despotes, parce qu'ils sont les plus grands ambitieux. Esprits remuants et avides, ils ne peuvent trouver l'aliment de leur ambition que dans les révolutions d'un royaume et les triomphes d'un parti qu'ils ont organisé pour arriver à leur but. Les hypocrites, ils vous montrent l'âge d'or derrière le succès de leurs complots; mais ne vous y trompez pas : c'est un sceptre de fer qu'ils vous destinent. Rappelez-vous le temps d'horrible mémoire : quel langage plus flatteur encore ils vous tenaient quelques années avant cette époque désastreuse! Vous les avez suivis pour arriver au but qu'ils vous montraient; qu'en avez-vous dit vous tous qui avez été témoins des suites funestes d'une pareille erreur?

Peuple français, quand tu offrais tes hommages à la liberté, que tu appelais depuis si long-temps par tes soupirs; lorsque tu la demandais à grands cris à ceux qui te l'avaient promise, quel fut ton étonnement, lorsque, pour toute réponse, ils te montrèrent les prisons et les échafauds? Où était-elle, la liberté, dans le temps où on la proclamait si hautement existante? réponds-moi, toi qui vis arracher l'auteur de tes jours d'entre tes bras, et sa tête rouler à tes pieds! Où était-elle la liberté, toi qui pour prix de tes efforts et de ta fidélité pour la cause publique, te vis arracher d'entre les bras de ton épouse et de tes enfants, et aller jouer le rôle de victime du plus véritable despotisme, au milieu de la foule des infortunés destinés à la mitraille? Peuple français, et tu n'es pas encore revenu de ton erreur! et tu prodigues encore ton encens à une divinité mensongère, qui enchaîne ses adorateurs pour les envoyer à la mort! Mais je vous le demande encore, où était-elle donc la liberté, lorsqu'on proscrivait la Religion de vos pères, lorsqu'un silence forcé régnait dans tous les temples consacrés à l'Éternel; lorsque le moindre souvenir de cette Religion imposante, trouvé dans vos foyers, était pour vous un arrêt de mort sans appel? J'atteste ici toute l'antiquité, j'atteste ici tout le paganisme, et je demande si on eût regardé comme un temps de liberté, le temps où l'on ne pouvait prononcer ni le nom de la Divinité, ni le nom de son Roi sans aller mourir sur l'échafaud, le temps où l'on n'avait à contempler que le triste spectacle des temples profanés, des autels souillés et renversés, et des ministres du Ciel indignement massacrés? Oui, c'était le temps de la liberté, mais de la liberté des crimes, des forfaits et de l'esclavage horrible de toutes les vertus divines et sociales.

Français, c'est la voix de Henri quatre qui vous le crie du fond des tombeaux, voilà la liberté qu'on vous destine. Chefs de faction, ma voix a désabusé ce peuple que vous vouliez entraîner à la mort; je vous le déclare, votre ruine est prochaine, vous subirez le sort de ceux qui vous précédèrent, sans obtenir le même succès. Le peuple vous a suivi jusques là ; peut-être fera-t-il encore un pas avec vous; mais à la vue de vos coupables desseins, il reculera d'horreur, vous couvrira de mépris, et vous deviendrez, grace au Ciel, une leçon frappante pour l'avenir. Non, ce ne sera pas en vain que le repos de mes cendres aura été troublé; France, ce ne sera pas en vain que se sera fait entendre la voix de celui dont tu répètes le nom avec orgueil. Relève enfin ce front déshonoré; plus sage à l'avenir, montre à l'univers que tu n'es point le jouet continuel des hommes les plus vils que tu renfermes en ton sein. Dignes ministres du Monarque qui siége sur le trône de saint Louis, je m'adresse à vous pour la dernière fois : j'entends vos ennemis vous accuser de trembler devant eux; votre silence les anime et augmente leur audace ; que votre réveil soit terrible pour eux! Victimes pour la plupart destinées autrefois à la hache des révolutions, vous avez à votre tête un Roi vieilli dans les malheurs, et dont la main septuagénaire essuie encore des larmes que lui arrachent d'affreux souvenirs; secondez bien ses efforts ; vous êtes choisis pour sauver la France; eh bien! que l'insurrection et l'impiété tremblent enfin devant vous, que la tempête s'apaise, que la France soit sauvée et qu'elle échappe enfin à tant de malheurs, d'incertitudes et de craintes.

DE L'IMPRIMERIE DE LOUIS PERRIN, A LYON.